Michael Tschakert

Kunststunden mit Erfolgsgarantie

Linolschnitt ohne Presse

in der Sekundarstufe

Gedruckt auf umweltbewusst gefertigtem, chlorfrei gebleichtem
und alterungsbeständigem Papier.

3. Auflage 2025

Layout/Satz: PrePress-Salumae.com, Kaisheim
Druck: Rausch Druck GmbH, Aindlinger Str. 14, 86167 Augsburg

ISBN 978-3-95660-**196**-5 www.brigg-verlag.de

Inhalt

Vorwort

Die künstlerisch und handwerklich interessante und vielfältig anwendbare Technik des Linolschnitts kann als ideale Heranführung an Druckverfahren angesehen werden, da sie leicht und schnell erlernbar ist und im Vergleich zu komplizierteren Hochdrucktechniken wie Holzschnitt oder Tiefdrucktechnik, Radierung oder Siebdruck im Kunstunterricht viele Vorteile bietet.

Künstler mit Weltruhm wie Pablo Picasso, Maurice de Vlaminck oder Henri Matisse nutzten diese Technik, wenn sie großflächigere, gröbere Motive bearbeiteten.

Eine Renaissance erlebte der Linolschnitt durch den Namibier John Ndevasia Muafangejo (1943–1987), den Düsseldorfer Alexander Esters (geb. 1977) und den aus dem Bayerischen Wald stammenden Wahl-Münchner Ludwig Gebhard (1933–2007), der technikuntypisch Schnitte mit Siebdruckcharakter herstellte. Hier zeigt sich, wie vielseitig diese Technik angewandt werden kann.

Als Vorzüge für die Schule können aufgezählt werden:

- Leichte, schnelle Erlernbarkeit
- Geringe Kosten
- Kein Fachraum und keine Presse notwendig
- Problemlose Reproduktion und vielseitige Verwendung als Bild im Klassenzimmer, im Jahresbericht, in der Schülerzeitung, als Plakat, zum Verkauf bei Schulfesten, als Geschenk mit individuellem Charakter ...
- Schulung der motorischen Fähigkeiten und Entwicklung von kunsthandwerklichem Geschick
- Erfolgserlebnisse für praktisch begabte Schüler, die beim Zeichnen und Malen oder in anderen Schulfächern häufig Misserfolge haben
- Hoher Lernerfolg durch Handlungsorientierung vom denkenden Handeln der Planung bis zur manuellen Handlung
- Eignung zur Projektarbeit und zum Kennenlernen moderner Produktionsverfahren wie der Inselfertigung

Hierfür bietet dieses Buch:

- Auch für Einsteiger leicht verständliche Erläuterungen der Arbeitsschritte beim Schneiden und Drucken ohne Druckerpresse
- Materiallisten mit Tipps
- Viele Schülerarbeiten aus neun Themenbereichen, die als Kopiervorlage oder als Anregung dienen
- Hintergrundinformationen zu den Themenbereichen, zahlreiche Tipps und Anregungen für neue Themen
- Anhang mit Anregungen zur Modifikation des klassischen Linolschnitts

Ich wünsche Ihnen, liebe Kolleginnen und Kollegen, und Ihren Schülerinnen und Schülern viel Spaß und Erfolg bei der Umsetzung der Themen. Aber Vorsicht! Es besteht Suchtgefahr!

Euch, lieben Schülerinnen und Schülern, danke ich für die Zustimmung zur Veröffentlichung der gelungenen Bilder. Ihr helft damit, den Linolschnitt in der Schule neu zu beleben.

Michael Tschakert

Bedeutung der Piktogramme

Diese Materialien werden benötigt

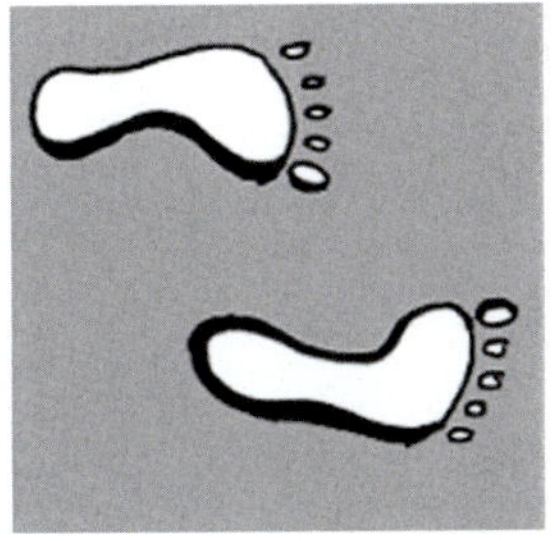

Arbeitsschritte

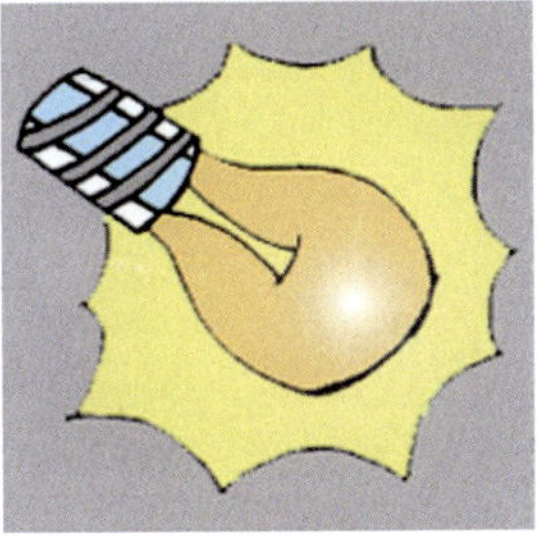

Tipps vom Profi

Galerie

Mögliche Variationen beim Thema

Materialliste

1. **Linoleumplatte**

   Fußbodenlinoleum ist meist hart und damit schwer zu bearbeiten. Die für die Schule produzierten Platten sind auch für Anfänger ideal und kostengünstig.

2. **Wasserfester Stift und Durchschlagpapier**

   Damit wird das Motiv auf die Platte übertragen.

3. **Halter für Schneideklingen mit Hohleisen (U-Klinge) und Geißfuß (V-Klinge)**

   Ein „U" für breite Linien und Flächen und ein „V" für feine Linien reichen völlig aus. Eine mit Klingen und Haltern gefüllte Schachtel, die von Klasse zu Klasse weitergegeben werden kann, ist für den Schulbetrieb sinnvoll.

4. **1–2 Farbwalzen**

5. **Farbe**

   Linoldruckfarbe ist wasserlöslich und mischbar. Andere Farben (wie z. B. Dispersionsfarbe oder Malkastenfarbe) eignen sich nicht so gut.

6. **Nudelholz und/oder Löffel**

7. **Papier**

   Grundsätzlich kann jedes Papier verwendet werden. Sehr dicke und grob strukturierte Papiere führen allerdings oft zu weniger guten Ergebnissen.

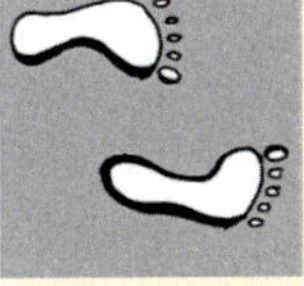

1. Übertragen des Motivs

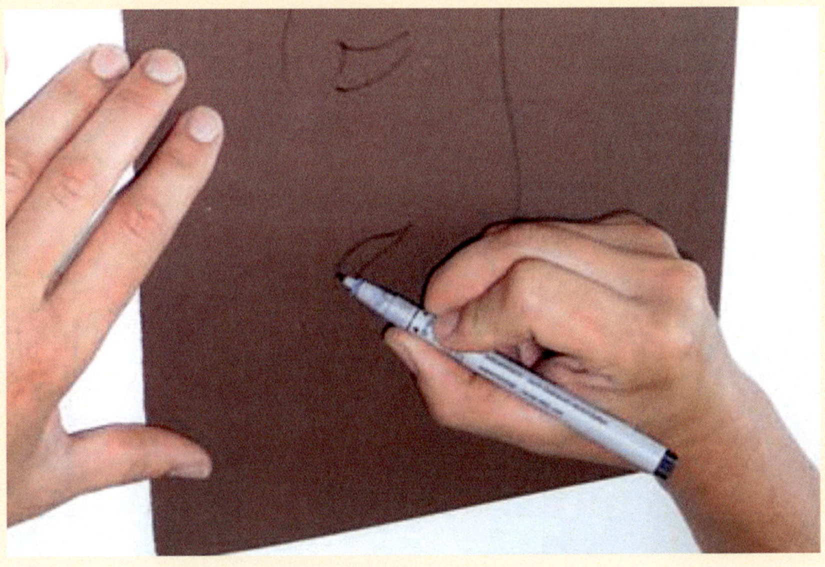

Denken Sie daran, dass das Motiv und vor allem die Schrift nach dem Druck spiegelverkehrt erscheinen.
Mit Durchschlagpapier kann die Vorlage exakt übertragen werden.

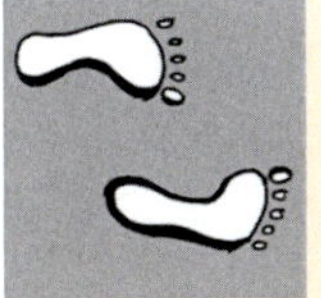

2. Schneiden des Motivs

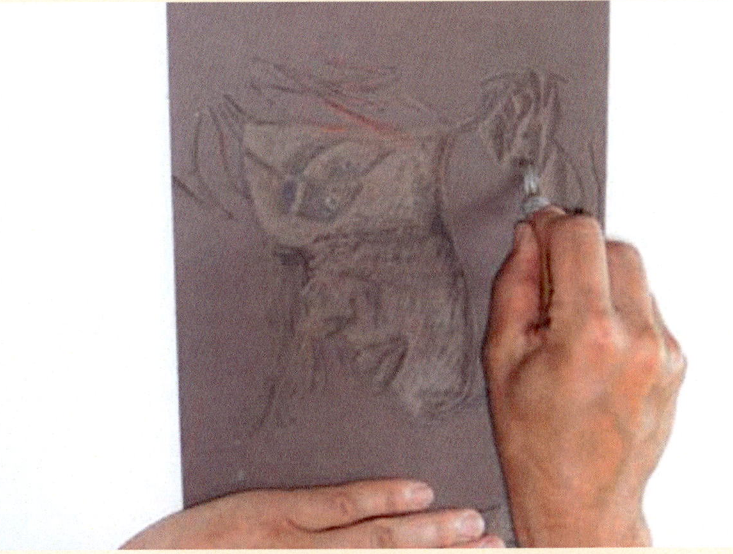

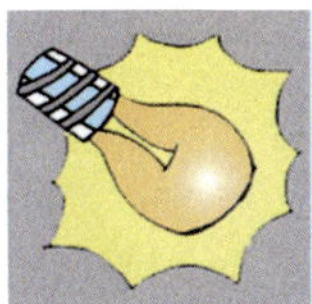

Folgende Grundregel muss eingehalten werden: Immer vom Körper weg schneiden. Die Hand, die die Platte hält, liegt stets hinter der schneidenden Hand.

Halten Sie Pflaster parat, da es zu Beginn immer wieder zu kleinen Schnittverletzungen kommt, weil sich manche Schüler nicht an die Regel halten.

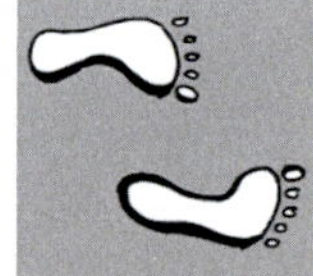

3. Einwalzen der Platte

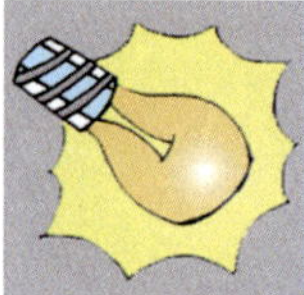

Einige Schüler entwickeln erstaunliche Fähigkeiten beim Einwalzen, andere beim Drucken. Nutzen Sie die Talente der Schüler, indem Sie sie zu Spezialisten machen. In einer Druckwerkstatt ist Teamwork gefragt.

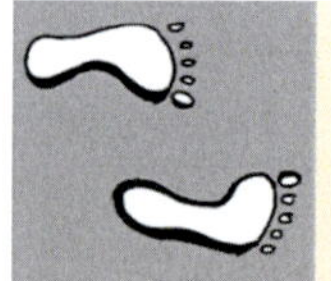

4. Drucken

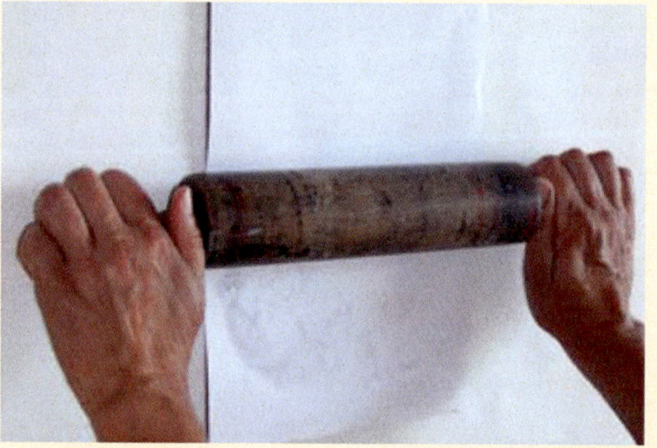

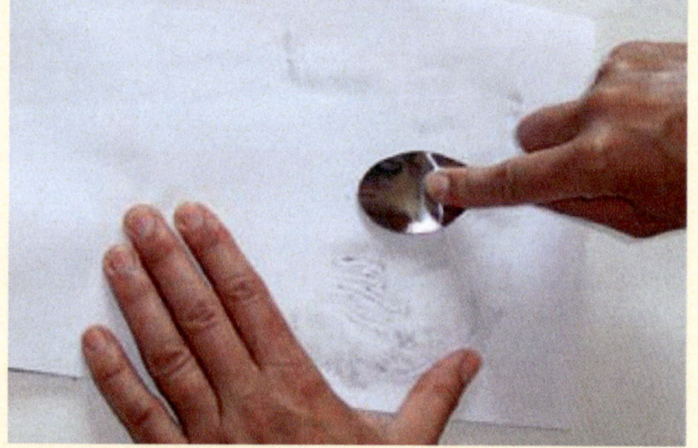

Die eingewalzte Platte zentriert auf das Papier legen. Platte und Papier zusammen umdrehen.

Methode 1: Mit hohem Druck (mit dem Gewicht des Körpers) mit dem Nudelholz (in verschiedene Richtungen) über das Papier walzen.

Methode 2: Mit dem Löffel über das Papier reiben. So entsteht durch die kleine Auflagefläche der Löffelwölbung ein hoher Druck. Vorsicht: Hier entsteht Wärme!

„Nudelholz- und Löffelmethode" lassen sich auch kombinieren. Man beginnt mit dem Nudelholz, wirft einen kurzen Blick auf das Ergebnis, indem man vorsichtig eine Ecke des Papiers abzieht, und reibt mit dem Löffel über blasse „Schwachstellen" im Druck.

Übrigens: Die feinen Stege der beschnittenen Teile, die zum Teil abgedruckt werden, wenn die Platte nicht sauber eingewalzt wurde, stören nicht. Im Gegenteil, sie betonen das Handwerkliche und verleihen dem Bild grafischen Reiz.

A Themengruppe Tiere

Das Thema „Tiere“ eignet sich sehr gut für Linolschnitte, da die Schüler viele Vorerfahrungen mit Tieren und Haustieren mitbringen. So können die Schüler ihre eigenen Lieblinge porträtieren.

Die Tierliebe und emotionale Verbundenheit der Schüler mit ihren Haustieren macht die künstlerische Auseinandersetzung mit diesem Motiv zu einem zeitlos schönen Thema.

A 1 Zebrakopf: Das Bild wirkt abstrakt, wäre da nicht das Auge.

A 2 Hirschkäfer: Der Druck ist eine Hommage an ein selten gewordenes, majestätisches Insekt.

A 3 Kuh: Es muss nicht gleich eine ganze Kuh sein. Tierkopf-Porträts betonen den Respekt vor den Tieren und verleihen Würde, da sie wie lieb gewonnene Menschen abgebildet werden.

A 4 Katzen: Katzen haben beim Sitzen einen geschlossenen, kompakten Körper. Sich begegnende Katzen erzeugen immer spannende Momente.

A 5 Katzen kratzen: Kratzbäume geben Katzen einen Anreiz zum Spielen und dem Künstler Gelegenheit für eine verspielte Komposition.

A 6 Pinguine: Das Bild besticht durch eine elegante Linienführung, die eigentlich für Linolschnitt untypisch ist.

A 7 Papagei: Wenige Formen reichen, um uns das Tier erkennen zu lassen. Ein gutes Anfängermotiv.

A 8 Hahn: Ein Hahn wirkt am besten in seiner ganzen, stolzen Erscheinung.

A 9 Eule: Sie ist Symbol für Weisheit. Der markante Schnabel und die großen Augen als Charakteristika lassen den Gesichtsausdruck anthropomorph erscheinen.

A 10 Haie: Die Linienführung in Tribal-Manier ist eine Form der Reduzierung der Wirklichkeit.

Als Motiv für den Linolschnitt-Einsteiger bieten sich Tiere an, die in ihrer Zeichnung ohnehin schwarzweiß sind, wie z. B. Schwertwal, Pandabär, Zebra, Pinguin oder Koi.

Die Reduktion auf nur zwei Farben (bzw. Nicht-Farben oder unbunte Farben, wie Schwarz und Weiß korrekt genannt werden) erleichtert das Denken in Schwarzweiß.

- Galerie der Schwarzweiß-Tiere
- Fleckvieh auf der Weide
- Schwertwale jagen Pinguine
- Fledermäuse hängen in ihrer Höhle
- Zebraherde – ein „Linienstrudel“
- In der Schlangengrube
- Chamäleon auf dem Ast
- Der prämierte Pudel

A 1 Zebrakopf

A 3 Kuh

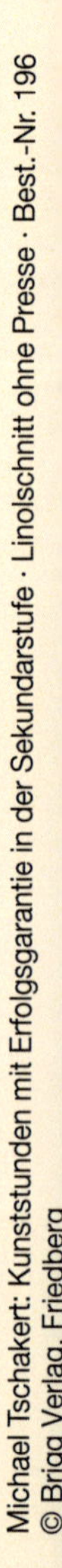

A 5 Katzen kratzen

A 7 Papagei

Eule

B Themengruppe Landschaft

Seit der Renaissance beschäftigten sich Künstler intensiv mit der Darstellung von Landschaften und Perspektive. Der Reiz liegt darin, einen weiten, großen Raum auf einer zweidimensionalen Fläche abzubilden. Entwicklungspsychologisch gesehen ist der Weg zum Verständnis für Raum und zu seiner glaubwürdigen Darstellung weit. Kleinkinder zeichnen in Simultanperspektive oder erfinden eigene Wege Perspektive darzustellen. Erst relativ spät entwickelt sich die Fähigkeit perspektivisch zu zeichnen und zu malen.

Beim Linolschnitt mit einer Landschaft als Motiv kommt es nicht unbedingt auf perspektivische Perfektion an. Hier reizt mehr der „architektonische“ Aufbau mit den vertikal fließenden Linien von Hügeln, Feldern oder einer Horizontlinie als Gegenspieler zu den Senkrechten von Bäumen, Sträuchern oder in die Tiefe führenden Wegen. Eine Landschaft als Motiv im Kunstunterricht bietet den Vorteil, dass sich der Schüler durch einen Blick aus dem Fenster oder einen Unterrichtsgang ins Freie mit der ihn umgebenden Landschaft als Lebensraum auseinandersetzt. Stadt- und Großstadtschüler erkunden hierbei eine nicht weniger reizvolle „Stadtlandschaft“.

B 1 Hügellandschaft: Durch die diagonal laufenden Linien entsteht der Eindruck einer hügeligen Landschaft.

B 2 Landschaft mit Sonne: Der naiv-kindliche Charakter der Landschaft beruht auf der Darstellung der Sonne.

B 3 Landschaft mit Wolken: Im Zentrum der stark abstrahierten Landschaft stehen zwei Bäume, die in ihrer Form den Wolken entsprechen.

B 4 Gespiegelter Baum: Ein raffiniertes, komplexes Bild: In einem runden Format spiegelt sich ein japanisch anmutender Baum. Das Wechselspiel von Positiv und Negativ (z. B. bei den Ästen) beeindruckt. Wie bei einem Tintenklecksbild eines Rorschachtests kommt es zu Assoziationen.

B 5 Hochformatige Landschaft: Das für eine Landschaft mutige Hochformat verleiht dem Bild Modernität.

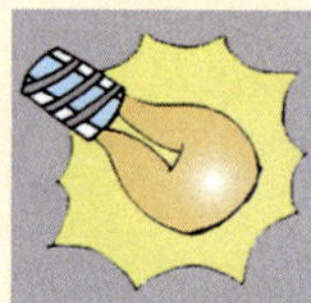

- Oft ist weniger mehr. Bei einem „Weißlinienschnitt“ werden nur wenige Linien aus der Platte geschnitten. Das spart viel Mühe. Durch das Wahrnehmungsgesetz der Erfahrung werden auch wenige Linien als Landschaft interpretiert.
- Gehen Sie neue Wege bei den Formaten. Landschaftsausschnitte können auch dreieckig oder rund sein.

- Landschaft im Wechsel der Jahreszeiten
- Statt „Landschaft“ „Stadtlandschaft“
- Ein Landschaftsausschnitt gesehen durch: das Fenster eines Autos, ein Fernglas, ein Fenster

B 2 Landschaft mit Sonne

Landschaft mit Wolken B 3

B 4 Gespiegelter Baum

C Themengruppe Stillleben

Es ist heute nicht leicht, Schülern den Reiz eines Stilllebens zu vermitteln. Die Auseinandersetzung mit der symbolischen Bedeutung der Gegenstände, dem komplizierten und raffinierten Bildaufbau und dem kunsthistorischen Hintergrund langweilen viele Jugendliche eher. Daher kann man versuchen, die Schüler „da abzuholen, wo sie stehen".

Nirgendwo steht geschrieben, dass ein Stillleben aus einem Glas, einer Tischdecke, einer Schale Weintrauben, einem Strauß Blumen oder einer Kerze bestehen muss. Lassen Sie neue, unverbrauchte Gegenstände darstellen wie Kuchen, Gummibären oder ein Handy.

Übrigens: Ein Schädel fasziniert Schüler auch heute noch.

C 1 Licht und Schatten: Traditionelle Stillleben-Gegenstände sind hier raffiniert im Positiv-Negativ-Wechsel von Licht und Schatten dargestellt. Eine in der linken oberen Bildecke sitzende Lichtquelle erzeugt das Lichterspiel.

C 2 Torte: Ein raffiniertes Bild, da die Tortenstücke mit den Kirschen nur durch Schatten dargestellt sind. Der Entwurf zu solchen Linolschnitten ist als sehr schwierig einzustufen.

C 3 „Alles Banane": Den deutschen „Bananensprayer" Thomas Baumgärtel (geb. 1960) reizen Bananen so sehr, dass er nichts anderes darstellt. Wozu auch? Eine schöne Banane reicht als Motiv!

C 4 Vanitas: Schädel und Sanduhr sind klassische Vanitas-Symbole, die uns an die Vergänglichkeit des Lebens erinnern. Der Stillleben-Klassiker fasziniert Schüler heute noch.

C 5 Angerichtet: Auf den ersten Blick ein klassisches Stillleben mit Teller, Löffel und Gabel. Wäre da nicht das Schwein, das kein „natura morta" (lebloser Gegenstand = italienisch für Stillleben) ist, aber vielleicht schon bald tot auf dem Teller landet. Inhaltlich ein spannendes Bild rund um die problematische Thematik Ernährung, die durch formale Spannung (Positiv-Negativ-Umkehrung bei oberer und unterer Bildhälfte) gesteigert wird.

Die Ton-Trennung von Schwarz und Weiß, die für den Linolschnitt typisch ist, erlaubt und verführt zum Spiel mit Licht und Schatten. Geübte und begabte Schüler können (wie bei Galerie-Beispiel C 2) den Versuch unternehmen, Objekte nur durch ihren Schatten darzustellen. So wird den Dingen eine gewisse Magie verliehen.

- Auf meinem Schreibtisch
- Exotischer Früchtekorb
- Dinge aus meiner Hosentasche
- Blick in die Handtasche

C 2 Torte

Vanitas

D Themengruppe Pflanzen

Die Welt der Pflanzen ist in ihrer Vielfalt unübertroffen und reizt zum genaueren Hinsehen. Nicht umsonst werden florale Motive seit Jahrhunderten in der Kunst dargestellt. Doch auch in der Gebrauchsgrafik und der Welt der Mode wird das Abbilden von Pflanzen wegen ihres dekorativen Charakters geschätzt.

Die Amerikanerin Georgia O'Keeffe (1887–1986) hat wie keine andere Malerin eine Art „Makro-Blick“ für die Schönheit von pflanzlichen Formen (vor allem Blüten) entwickelt und florale Kompositionen geschaffen, die stets auch erotisch konnotiert sind.

D 1 Hibiskusblüte: Die fließenden Linien betonen das Organische der Blüte. Ein Linolschnitt muss nicht immer kantig-expressiv sein.

D 2 Paradiesvogelblume: Die Linien und kleinen Flächen am rechten unteren Bildrand bilden einen ansprechenden Kontrast zu den großen dunklen und hellen Flächen im Bild.

D 3 Flamingoblume: Hier wird durch senkrechte und kurze waagerechte Linien ein Hintergrund angedeutet, der das Blatt strukturiert.

D 4 Bambus: Bambus eignet sich hervorragend für einen Linolschnitt, da die hölzernen Stängel in ihrer Struktur dem Charakter des Linolschnitts entsprechen.

D 5 Schneeglöckchen: Es müssen nicht immer exotische Pflanzen sein. Auf dem Schulweg oder im Garten gepflückte Blumen sind ein schönes Motiv für den Linolschnitt. Ein reales Objekt ist immer einem Printmedium als Vorlage vorzuziehen, da haptische und olfaktorische Informationen ein ganzheitlicheres Bild vom Gegenstand vermitteln.

Schüler neigen dazu, ihre Bilder zu „voll zu packen“. Sensibilisieren Sie ihre Schüler für einen Detail-Blick und ein genaues Hinsehen. Nicht das „Was“ ist entscheidend, sondern das „Wie“. Betrachten Sie Details über Ausschnitte von Bildern und Objekten mit dem Blick durch ein Papp-Passepartout, das Sie zurechtschneiden.

- Kakteen-Sammlung auf dem Fensterbrett
- Unter dem Mikroskop
- Eisblumen
- Sensationelle Entdeckung: Auf dem Mars können neue Pflanzenarten gezüchtet werden.
- Fleischfressende Pflanzen als Kannibalen

D 2 Paradiesvogelblume

D 4 Bambus

E Themengruppe „abstrakt“

Während viele unserer Großeltern noch wenig mit abstrakter Kunst anzufangen vermochten, haben die Jugendlichen gegenstandslose Formen längst in ihre Sehgewohnheiten aufgenommen.

Werke von Kandinsky, Miró oder Mondrian prägen dank einer geschickten Vermarktung das Bild von Einrichtungszentren.

Auch wenn abstrakte Kunst nicht immer einfach zu verstehen ist und eine echte Auseinandersetzung häufig Vorkenntnisse verlangt, ist ein gegenstandsloses Motiv für den Linolschnitt gut geeignet, weil ein spielerisches Vorgehen erlaubt ist. Bei dem Zusammenspiel von Flächen und Linien (auch mit gegenständlichen Andeutungen bzw. Reminiszenzen) sind der Kreativität keine Grenzen gesetzt.

E 1 Formenspiel: Der Linolschnitt wird zur Spielwiese für Formen aller Art. Anders als strenge Konstruktivisten wie Kasimir Malewitsch (1878–1935) oder Piet Mondrian (1872–1944), in deren Werk grundgeometrische Figuren wie Quadrat, Rechteck und Kreis die Hauptrolle spielen, sprüht die Bilderwelt von Wassily Kandinsky vor Energie durch Linien und Flächen aller Couleur.

E 2 Wellen: Fließende Linien gefallen durch ihre Harmonie bei gleichzeitiger Dynamik. Stets spürt man die Kraft der Welle, die einst der japanische Meister Katsushika Hokusai (1760–1849) mit seiner „großen Welle“ so überzeugend dargestellt hat.

E 3 Geflecht: Dieser Linolschnitt entspricht der kantig-expressiven bis aggressiven Formensprache der Jugend, die durch Tribal-Formen der Tattoos beeinflusst ist.

E 4 Barcode: Der „Barcode“ oder „Strichcode“ ist zum Symbol für Massenkultur, Massenkonsum und Konformismus geworden. Wären da nicht die „Quertreiber“, die in ihrer lebendigen individuellen Dynamik den Kampf gegen die Armee der Gleichen aufgenommen haben.

E 5 Puris: Etwas für Puristen. Abstrakter geht es kaum. Dennoch sucht unser Gehirn auch hier nach realen Vorbildern wie einer Klaviertastatur oder einem Zebrastreifen.

Als Grundregel für einen handwerklich guten Linolschnitt kann gesagt werden, dass die Hälfte der Platte beschnitten wird, die andere Hälfte nicht. So bleibt die Platte stabil und die Helldunkel-Verteilung ist ausgewogen. Bei abstrakten Formen kann man sich gut auf diese Regel konzentrieren.

- „Kämpfende“ Formen
- Das Runde gehört in das Eckige
- Wellen umspülen einen Stein
- Formen-Puzzle

E 2 Wellen

E 4 Barcode

F Themengruppe Menschen

Nichts fasziniert Menschen mehr als die Auseinandersetzung mit dem menschlichen Körper. Die Welt der Medien nützt diese Faszination an der Körperlichkeit so konsequent, dass es uns gar nicht mehr bewusst ist.

Die Darstellung des menschlichen Körpers als Linolschnitt ist relativ schwierig, da Grundkenntnisse der Anatomie sowohl bei Aktdarstellungen als auch bei bekleideten Figuren vorhanden sein müssen. Aber hier liegt auch die kunstdidaktische Chance. Durch den „harten, hölzernen“ Charakter des Linolschnitts wird dem Schüler das wichtige Gegliedertsein des Körpers durch Gliedmaßen und Gelenke bewusst.

F 1 Liebende: Die innige Umarmung ist trotz der Reduzierung und der Ausschnitthaftigkeit spürbar.

F 2 Rückenansicht: Ein schöner Rücken kann entzücken. Hier können die Schüler selbst ihren Mitschülern Modell stehen. Die deutlich sichtbaren Werkzeugspuren sind hier gewollt und verleihen der Kleidung einen gewissen grafischen Reiz.

F 3 Herz des Ozeans: Hier ist eine Szene aus dem James-Cameron-Film „Titanic“ dargestellt. Aktdarstellungen gehören zweifelsohne in den Kunstunterricht, wenn sie nicht pornografisch oder schamlos sind.

F 4 Unter der Dusche: Dieser Linolschnitt zeigt gut, dass grundsätzlich jede Szene künstlerisch anspruchsvoll umgesetzt werden kann. Entscheidend ist, einen Blick für Komposition zu entwickeln.

F 5 Auge: Anatomische Detailstudien sind für eine künstlerische Ausbildung unerlässlich.

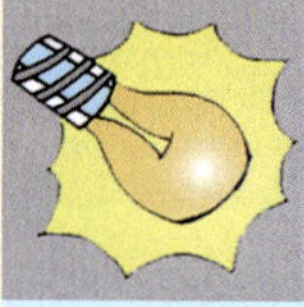

Arbeiten Sie nach dem „Pars-pro-toto-Prinzip“, indem Sie Teile eines Körpers darstellen lassen. Ein Torso, ein Auge, eine Hand oder betende Hände sind als Motiv völlig ausreichend. Hier werden das bewusste Hinsehen und die differenzierte ästhetische Wahrnehmung geschult.

- Auf dem Laufsteg
- Im Schwimmbad
- Poolparty
- In der „Muckibude”
- Der stärkste Mann/die stärkste Frau der Welt
- Wie sehe ich in 50 Jahren aus?
- Ein Rücken-Tattoo
- Meine Hand zeichnet eine Hand
- Füße hinterlassen Spuren im Sand

F 2 Rückenansicht

F 4 Unter der Dusche

G Themengruppe Sport

Die Darstellung der Lieblingssportart stößt bei den Schülern meist auf große Resonanz. Eine eher statische Darstellung der Sportart im Piktogrammstil ist relativ einfach. Will man hingegen die Dynamik und Bewegung des Sports einfangen, wird der Linolschnitt zu einer Herausforderung.

G 1 Eiskunstläuferin: Die beiden Spots rücken die Läuferin in das richtige Licht. Lichtquellen wie Spots wirken bei Linolschnitten stets gut, da sie den Gegenspieler von Licht, nämlich Schatten, erzeugen.

G 2 Tischtennisspieler: Der Linolschnitt zeigt deutlich, dass es nicht immer auf Details ankommt. Hände und Gesicht sind wenig ausgearbeitet. Entscheidend ist der Gesamteindruck. Die Stimmung in der Halle wird durch die jubelnde Menge und die Dynamik des Spiels durch die Körperhaltung erzeugt.

G 3 Tanzen: Umrisslinien haben beim Linolschnitt eine große Bedeutung. Greift ein schwarzer Arm in die schwarze Fläche, benötigt er eine weiße Linie zur Abgrenzung und umgekehrt.

G 4 Rennwagen: Die Illusion der Bewegung entsteht durch die Wiederholung des Motivs.

G 5 Turnen: Das Stufenbarren-Motiv zeigt gut, wie mit einer Positiv-Negativ-Umkehrung grafisch gespielt werden kann.

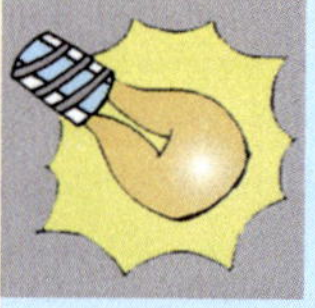

Sport-Linolschnitte können vielseitig eingesetzt werden:
Als Plakate für Veranstaltungen, als Einladungen für Sportfeste und Wettkämpfe, als Urkunden etc.

Mit dem Tageslichtprojektor vergrößert, können Motive als Vorlage für großformatige Wandgestaltungen in der Turnhalle dienen.

- Viererbob im Eiskanal
- Ruder-Achter
- Beim Schlittschuhfahren bricht das Eis
- Skispringer am Schanzentisch
- Motocross-Fahrer springen über Hügel
- Tauchgang am Riff
- Bruchtest des Karate-Champions
- Figur beim Synchronschwimmen
- Der missglückte Sprung vom 10-m-Turm

G 2 Tischtennisspieler

Rennwagen

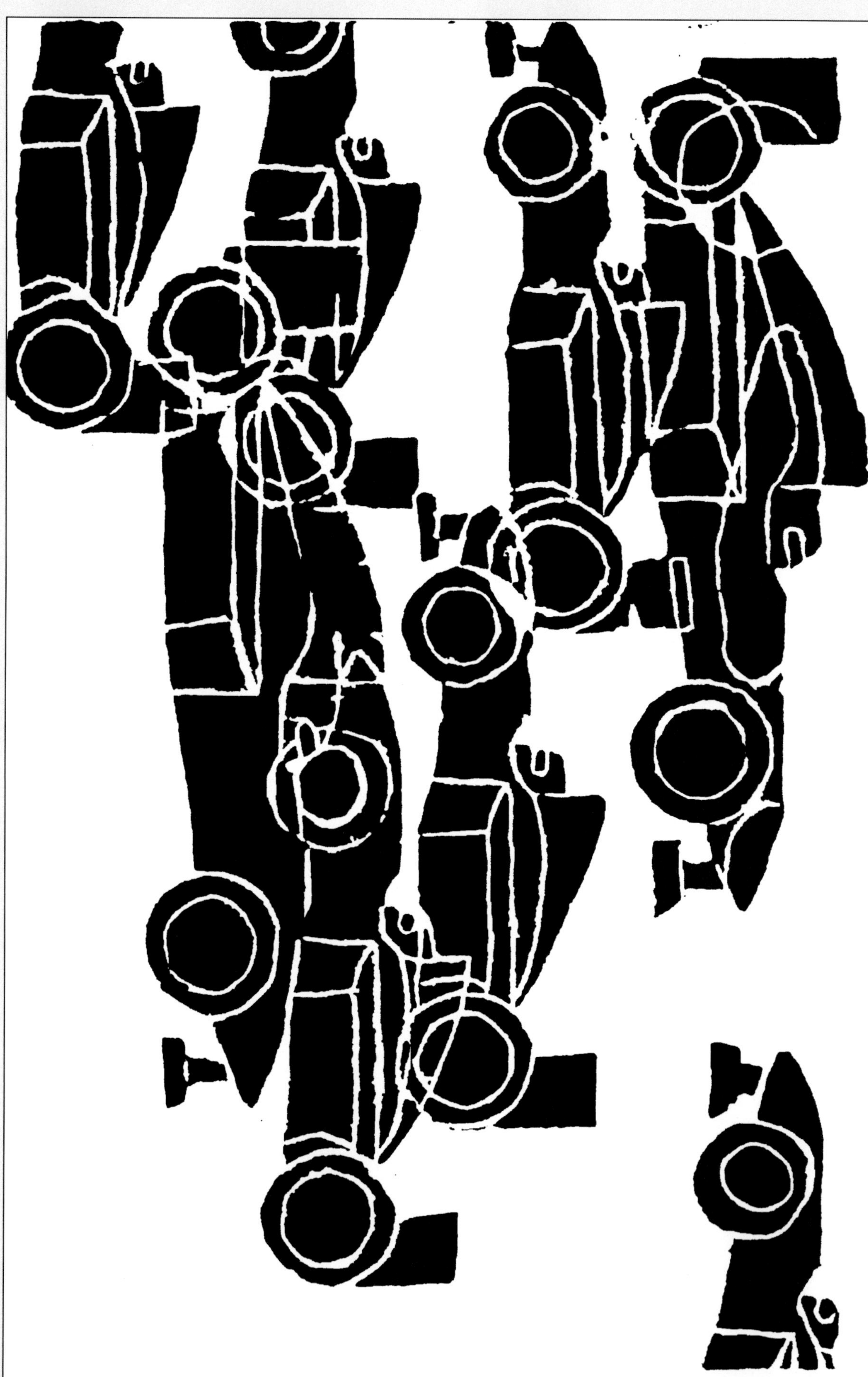

H Themengruppe Stilrichtungen

Grundkenntnisse über Merkmale von Stilrichtungen gehören als Lernziele in die Lehrpläne und zur Allgemeinbildung. Die Stilrichtungen zu Beginn des 20. Jahrhunderts prägen die Kunst der Moderne und die Kunstströmungen bis heute. Es liegt auf der Hand, dass die Stilmerkmale handlungsorientiert durch die Gestaltung eines Linolschnitts im Stil des Expressionismus oder des Kubismus besser und nachhaltiger vermittelt werden als durch eine Theoriestunde.

H 1 Kubistischer Kopf: Der Kopf ist kubistisch zerlegt und geometrisiert. Ausgangspunkt ist das Gesichtsprofil. Zähne, Mund, Augen und Nasenlöcher sind simultanperspektivisch an einem anderen Platz dargestellt.
Spielerisch können so formale Experimente gemacht und inhaltliche Ideen miteinbezogen werden. Wenn ein Schüler z. B. nur Fußball im Kopf hat, hat er hier die Möglichkeit, dies bildhaft zum Ausdruck zu bringen.

H 2 Popart-Flaschen: Sie sind die Ikonen der Popart und dem Körper einer Frau nachempfunden. Die Coca-Cola-Flasche steht als Kunstobjekt im Museum of Modern Art (MoMA) in New York. Sie ist in ihrer eleganten Form bei gleichzeitig perfekter Ergonomie unübertroffen und daher in der Tat darstellungswürdig.

H 3 Tag und Nacht: Das surreale Motiv wurde bei René Magritte („Im Reich der Lichter“) abgeschaut und in einen Linolschnitt übersetzt. Das Negieren physikalischer Gesetze und die Darstellung von Träumen und Visionen sind typisch für den Surrealismus.

H 4 Kauernder: Eine kauernde Figur ist ein klassisches Thema der figürlichen Darstellung. Die grobe, expressive Darstellung des Mannes zeigt die Nähe zum Holzschnitt. Die menschliche Existenz ist vor allem bei der expressionistischen „Brücke“ Hauptthema.

H 5 Ornament: Verspielte, ornamentale Darstellungen mit fließenden, floralen Elementen und Paradiesvögeln sind typisch für den Jugendstil.

Gestalten Sie mit ihren Schülern eine kunstgeschichtliche Zeitleiste mit Werken großer Meister und Schülerbildern im dazugehörigen Stil.

So werden Geschichtsbewusstsein und Sinn für Chronologie vermittelt.

- Kubistische Gitarre
- In my dreams (Surrealismus)
- Popart-Sternchen
- Suppendosen im Regal – die Helden der Supermärkte (Popart)
- Schmetterling (oder Kolibri) saugt Nektar an einer Blüte (Jugendstil)

H 2 Popart-Flaschen

H 4 Kauernder

I Themengruppe Comic

Ursprünglich ist der Comic (eigtl. Comicstrip) eine Form der sequenziellen Kunst, die in einer Folge von Bildern einen Vorgang oder eine Geschichte beschreibt, und besteht laut Definition aus mindestens zwei Bildern. Durch Weiterentwicklung des Comics haben vor allem junge Künstler die Grenzen zwischen Comic und etabliertem Kunstbetrieb ausgelotet und auch verwischt. Comiczeichner sind, auch wenn sie heute viel am Computer arbeiten, gut ausgebildete Künstler, die virtuos alle Töne auf der Klaviatur der Gestaltungsmittel anschlagen. Vor allem die figürliche Darstellung mit komplizierten Verkürzungen im Raum beherrschen sie souverän.

Die Erfahrungen der Schüler mit Comics sind sehr unterschiedlich. Gelesen werden europäische und amerikanische Klassiker, aber auch japanische Mangas, die den europäischen Markt mit ihren eigenen Stilmerkmalen erobert haben.

Schneidet man ein Comicbild als Linolschnitt, wird einem bewusst, wie komplex und künstlerisch anspruchsvoll die Bilder sein können.

I 1 Comic-Kopf: Wie dies auch schon der Popart-Künstler Roy Lichtenstein (1923–1997) getan hat, wurde hier ein Ausschnitt aus einem Comic-Heft isoliert vergrößert und zum Kunstwerk erhoben.

I 2 Schrei: Die figürlichen Darstellungen im Comic sind alles andere als einfach. Besonders wenn surreale Elemente hinzukommen.

I 3 Samurai: Schüler bedienen sich gerne der Gestaltungselemente japanischer Mangas, weil sie mit diesen aufwachsen.

I 4 „Booom“: Onomatopoetika (lautmalerische Zeichen) sind typische Gestaltungsmittel des Comics. Der Knall wird bei diesem Bild grafisch so gut dargestellt, dass auf die Schrift verzichtet werden kann.

I 5 „Blurp“: Fantasievolle Maschinen, Labors und Erfindungen aller Art haben in der Comicwelt einen festen Platz.

Im fächerübergreifenden Unterricht lassen sich Balladen wie „Der Zauberlehrling“, „Der Ring des Polykrates“ oder „Der Feuerreiter“ sehr gut als Bilderfolge im Linolschnittverfahren illustrieren. Inhaltlich und sprachlich schwierige Balladen können durch Bilder besser erschlossen werden.

- Fotodruck-Lovestory: Eine Bilderfolge im Jugendmagazin-Stil wird im Wechsel von Fotos und Linolschnitt dargestellt.
- Karikatur: Unser Lehrer flippt aus
- Illustration von Gedichten, Balladen, Lesestücken …

I 2 Schrei

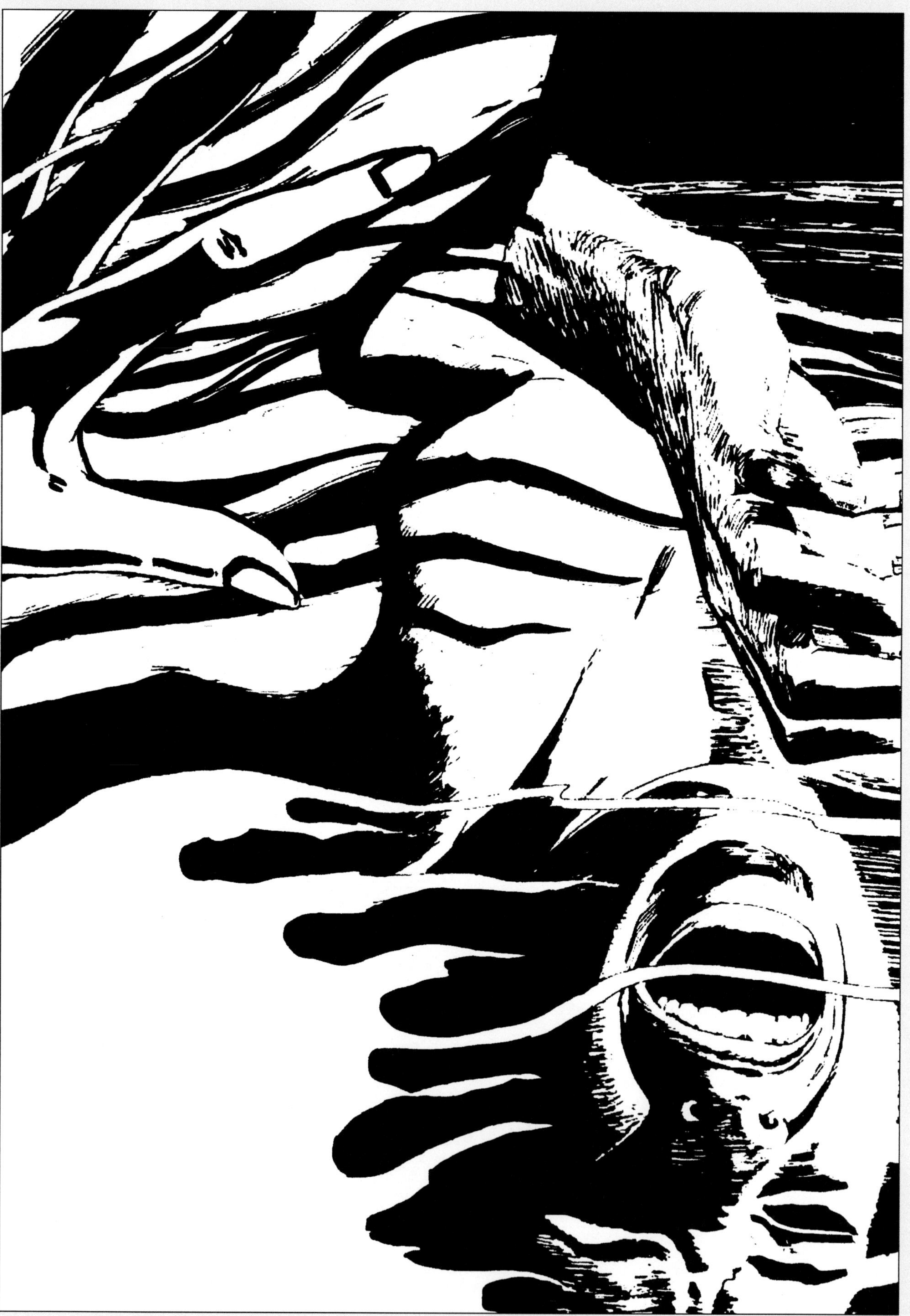

I 4 „Boom“

BLURP

J Themengruppe Jugendkultur

Jugendliche wollen sich in bestimmten Lebensphasen von der Erwachsenenwelt abgrenzen, was zu jugendkulturellen bis hin zu subkulturellen Phänomenen führt, die sich auch im bildnerischen Ausdruck der Schüler finden. Als Kunstlehrer tut man sich gelegentlich schwer damit, den meist vorübergehenden Kunstgeschmack mancher Schüler zu teilen. Ohne kunstdidaktische Anleitung kommt es vor, dass Schüler gestalterisch anspruchslose Statussymbole wie Automarken-Logos oder den Schriftzug einer Popgruppe in die Platte schneiden. Für den Lehrer ist es schwierig, das Mittel zwischen Freiheit und Lenkung zu finden. Lösgelost vom Thema sollte dennoch ein künstlerischer Anspruch durch die Verwendung bildnerischer Mittel angestrebt werden.

J 1 Skull: Sie zieren die Plattencover und Tanks der Motorräder. Schädel mit Flammen sind eher ein typisches Jungenmotiv. Wenn man bedenkt, dass die meisten Texte im Deutschunterricht und Themen im Kunstunterricht eher für Mädchen geeignet sind, sollte man den Jungs ihre „Skulls“ zugestehen.

J 2 Freaks: Bei einer „Freak-Show“ können die Schüler Wesen ihrer von Science-Fiction- und Horrorfilmen beeinflussten Gedankenwelt bildnerisch erschaffen.

J 3 Zapping: Die Lieblingsbeschäftigung vieler Jugendlicher. In einer hektischen Welt gibt es wenig Muße, einen langen Film anzusehen. Die Fernbedienung ist der Schlüssel, der per Knopfdruck die Tür zur nächsten vermeintlichen Realität öffnet.

J 4 Messerset: Eine bizarre Idee. Das Spektrum der Assoziationen reicht vom Ikea-Messerset für die brave Hausfrau bis hin zu den Folterwerkzeugen eines Serienkillers.

J 5 Höllenfahrt: Ganz in der Tradition amerikanischer Trashmovie-Plakate beeindruckt der Linolschnitt durch den aggressiven Auftritt eines Wagens im „Mad Max“-Stil.

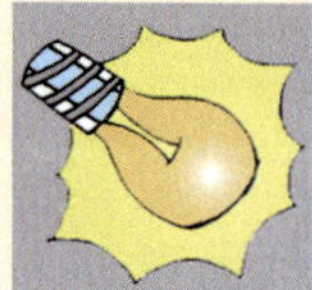

Nehmen Sie auch einen „schwierigen“ Schüler ernst, wenn dieser einen „ausgefallenen“ Motivwunsch äußert, der Ihnen missfällt. Setzen Sie sich zu ihm und besprechen Sie das Motiv. Wenn Sie das Sujet und den Schüler ernst nehmen, wird ihn sein Gewissen davor bewahren, ein oberflächlich gestaltetes 5-Minuten-Werk abzugeben.

- Entwurf eines CD-Covers
- Mein Wunsch-Tattoo
- Handy-Design der Zukunft
- Graffity-Sprayer haben nachts die Schule „umgestaltet“.

Freaks

1
2
3
4
6

J 4 Messerset

Modifikation

Der Linolschnitt reizt zum gestalterischen Experimentieren. Vor allem beim Drucken mit verschiedenen Farben können die Schüler kreativ sein. Auch Linoleumreste und alte, ausgediente Platten müssen nicht im Regal verstauben, sondern können aufgrund ihrer Haltbarkeit auch noch nach Jahren sehr vielseitig im Kunstunterricht eingesetzt werden. Einige Möglichkeiten werden hier aufgezeigt:

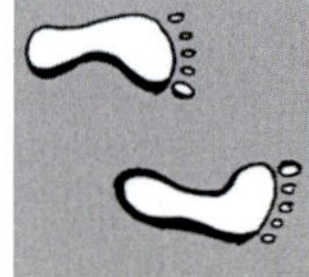

1. Farblinolschnitt

a) Zweifarbdruck auf Weiß
Teile der Platte mit einer Farbe einwalzen, verbleibende Flächen erhalten mit einer zweiten Walze eine andere Färbung. Für kleine Flächen ist eine kleine Walze von Vorteil.

b) Vierfarbdruck im additiven Verfahren
Hierbei werden beschnittene Plattenteile nacheinander gedruckt, sobald der vorhergehende Druck getrocknet ist.

c) Farbig gedruckter Hintergrund
Der Hintergrund wird mit einer unbeschnittenen Platte gedruckt. Dieser kann einfarbig oder mehrfarbig mit Farbverläufen gestaltet sein.
Für das Einwalzen einer Platte mit Farbverlauf benötigt man zwei Farbwalzen, Übung und Geschick. Hierbei zuerst eine Plattenhälfte mit der helleren Farbe einwalzen. Die zweite Farbe vom anderen Ende der Platte her auftragen und gefühlvoll über die hellere Farbe auslaufend mit abnehmendem Druck walzen.

2. Drucken auf Hintergrund

Man druckt nicht auf weißes, sondern auf bedrucktes Papier (z. B. Geschenkpapier, Farbkarton, Zeitung, Prospekt, Foto, Tapete …)

3. Kolorieren

Die fertig gedruckten Scharzweiß-Linolschnitte (oder Kopien davon) können die Schüler mit Farben aus dem Malkasten oder mit Stiften kolorieren.

4. Ergänzen

Der Linolschnitt dient hier als Ausgangspunkt für ein Bild. Der Druck wird durch eine Zeichnung, Pinselspuren, Geklebtes etc. zum Unikat.

5. Frottage

Die beschnittene Platte ist die Grundlage für eine Frottage. Man reibt mit einem weichen Bleistift (oder Kreide, Buntstift, Graphit-Stift …) über ein dünnes Papier, das auf der Platte liegt.

M 1 (zu 1a): Rose
Das Rot der Rosenblüte betont den symbolischen Charakter der Blume.

M 2 (zu 1b): Durchblick
Das „Drunter und Drüber“ entsteht durch folgende Druckabfolge:
1. Platte (gelb), 2. Platte (orange), 3. Platte (rot), 4. Platte (blau)

M 3 (zu 1c): Marlboro-Mann
Das romantische Abendrot trügt. Der Marlboro-Mann wird sein tragisches Ende auf dem Raucherfriedhof finden.

M 4 (zu 1c): Liebende
Der meisterliche Farbverlauf steigert den intensiven Moment der „Liebenden“.

M 5 (zu 2): Stubenleopard
Der Stubentiger wird zum Leoparden.

M 6 (zu 2): Bayerische Landschaft
Lokalpatriotismus zeigt sich im Hintergrund.

M 7 (zu 3): Banane
Hier genügt eine Farbe. Das Gelb hat Darstellungswert und sagt uns: Das ist eine Banane.

M 8 (zu 4): Never conform
Manchmal genügt ein kleiner „Eingriff“ wie eine gespritzte Pinselspur, um den Druck zu einem Unikat zu machen.

M 9 (zu 5): Japanischer Bambus
Vor dem japanischen Sonnensymbol, das mit Malkastenfarbe dargestellt ist, rankt Bambus über das Blatt, der in wenigen Sekunden als Frottage „gewachsen“ ist.

M 1 Rose

M 3 Marlboro-Mann

M 5 Stubenleopard

M 7 Banane

M 10 Japanischer Bambus